BEI GRIN MACHT SICH IHR WISSEN BEZAHLT

- Wir veröffentlichen Ihre Hausarbeit,
  Bachelor- und Masterarbeit

- Ihr eigenes eBook und Buch -
  weltweit in allen wichtigen Shops

- Verdienen Sie an jedem Verkauf

**Jetzt bei www.GRIN.com hochladen
und kostenlos publizieren**

Bibliografische Information der Deutschen Nationalbibliothek:

Die Deutsche Bibliothek verzeichnet diese Publikation in der Deutschen National-
bibliografie; detaillierte bibliografische Daten sind im Internet über http://dnb.d-
nb.de/ abrufbar.

Impressum:

Copyright © 2017 GRIN Verlag, Open Publishing GmbH
Druck und Bindung: Books on Demand GmbH, Norderstedt Germany
ISBN: 9783668558601

Dieses Buch bei GRIN:

http://www.grin.com/de/e-book/378971/ursachen-fuer-eine-rechtsradikalisierung-
von-maennlichen-jugendlichen

Christina Stahr

Ursachen für eine Rechtsradikalisierung von männlichen Jugendlichen. Wie kann Soziale Arbeit rechtsradikalen Jugendlichen begegnen?

GRIN Verlag

GRIN - Your knowledge has value

Der GRIN Verlag publiziert seit 1998 wissenschaftliche Arbeiten von Studenten, Hochschullehrern und anderen Akademikern als eBook und gedrucktes Buch. Die Verlagswebsite www.grin.com ist die ideale Plattform zur Veröffentlichung von Hausarbeiten, Abschlussarbeiten, wissenschaftlichen Aufsätzen, Dissertationen und Fachbüchern.

Besuchen Sie uns im Internet:

http://www.grin.com/

http://www.facebook.com/grincom

http://www.twitter.com/grin_com

Inhaltsverzeichnis

1. Einleitung

Die rechtsextremistische Szene erhielt seit 2015 wieder deutlich sichtbaren Zulauf. Dies ist mit der sogenannten Flüchtlingskrise in Verbindung zu bringen, welche für Rechtsextreme neue Aktionsfelder schafft, so in einem Artikel auf der Internetseite des Bundesamtes für Verfassungsschutz. „Bestärkt durch das eigene maßgeblich von Fremdenfeindlichkeit[1] und der Ablehnung des demokratischen Systems in Deutschland geprägten Selbstverständnis, fühlen sich Rechtsextremisten in ihrem Aktivismus bestärkt und herausgefordert." (Bundesamt für Verfassungsschutz) Weiter ist dem Bericht des Verfassungsschutzes zu entnehmen, dass rechtsextreme Gewalttaten im Jahr 2015 im Vergleich zum Vorjahr, exorbitant zugenommen haben. In Zahlen gesprochen handelt es sich hierbei um einen Anstieg von 42,2 %. Bei diesen Gewalttaten handelt es sich überwiegend um Körperverletzungsdelikte.

In den ersten rund 9 Monaten des Jahres 2016 wurden 1800 politisch motivierte Straftaten gegen Asylbewerber und Flüchtlinge verzeichnet. „Fremdenfeindliche Gewalttaten nahmen einem Bericht zufolge seit Januar deutlich zu." (Zeit Online 2016) Sobald ein Anstieg rechtsradikaler Straftaten zu verzeichnen ist, rückt dieses Thema wieder in das Bewusstsein der Politik und Öffentlichkeit, zumindest für einen gewissen Zeitraum. „Rechtsextremismus ist ein Dauerbrenner öffentlicher Debatten in der Bundesrepublik Deutschland. Ausgelöst durch gewalttätige Übergriffe oder Wahlerfolge rechtsradikaler Parteien steht das Thema in regelmäßigen Abständen auf der Agenda - [...]" (Schellenberg 2014, S. 15) Auch scheint laut Schellenberg (2014), eine bestehende Norm des Anti-Rechtsextremismus nicht dazu zu führen, dass rechtsradikale Aktivitäten ganz verschwinden. In Deutschland herrscht eine im europäischen Vergleich hohe Gewaltrate, in Form von Übergriffen, auf als fremd geltende Menschen von Rechtsradikalen. (vgl. Schellenberg 2014, S.15)

Ausgehend von diesem öffentlichen beobachtbaren Anstieg von rechtsorientierten Meinungen und Straftaten, welche sich auch in Jugendkulturen bemerkbar machen, wird in dieser Arbeit versucht zu erläutern, welche möglichen Faktoren dazu beitragen können, dass sich männliche Jugendliche im Alter zwischen 16 und 18

---

[1] „Fremdenfeindlichkeit richtet sich gegen Menschen, die sich durch Herkunft, Nationalität, Religion oder Hautfarbe von der als „normal" erachteten Umwelt unterscheiden." (Bundesamt für Verfassungsschutz)

rechtsradikalisieren und welche Möglichkeit Soziale Arbeit hat dieser Herausforderung zu begegnen.

2. Forschungsstand

Ausgehend von dem Ergebnis der Mitte-Studie 2016 gibt es keine Zunahme von rechtsextremer Einstellungen seit der letzten Mitte-Studie 2014. Jedoch vermehrte sich die autoritäre Aggression gegen Muslime, Sinti, Roma und Asylsuchende. Weiter ist eine Zunehmende Radikalisierung (Gewaltbereitschaft) zu verzeichnen. Auch Polarisierungen nehmen zu. (Brausam et al. 2016) In der Mitte-Studie von 2014 ist ein signifikanter Anstieg bei der Abwertung von Muslime, Sinti, Roma und Asylsuchende zu verzeichnen. Während 2009 noch 21,4% der Meinung sind, Muslimen sollte die Zuwanderung nach Deutschland untersagt werden, so sind es 2014 36,6% der Befragten die diese Meinung vertreten. (vgl. Decker et al. 2014) Des Weiteren ist laut Mitte-Studie 2014 ein Anstieg des Antiziganismus[2] zu verzeichnen.

„In der Mitte-Studie zur rechtsextremen Einstellung in Deutschland 2014 wurde in allen Bevölkerungsgruppen manifest rechtsextreme Einstellungen nachgewiesen. Wie schon in den vorangegangenen Erhebungen ist die Ausländerfeindlichkeit die Dimension, die auf die größte Zustimmung trifft: jeder fünfte Deutsche ist noch immer ausländerfeindlich." (Decker et al. 2014) Eine weitere zentrale Aussage dieser Studie ist, dass junge Erwachsene und Männer vermehrt zu rechtsextremen Aussagen tendieren. Die jüngste Altersgruppe (14 – 30-jährige) innerhalb der Erhebung, stimmten in den drei untersuchten Dimensionen des Rechtsextremismus häufiger zu als die älteren Befragten. Männer tendieren mehr zu rechtsextremen Einstellungen als Frauen. (vgl. Decker et al. 2014)

Abgesehen von eben genannte Studien, hat die Forschung zum Thema Rechtsextremismus zwar in den letzten Jahrzehnten zugenommen, jedoch ist die Thematisierung in öffentlichen Debatten weitestgehend vernachlässigt worden. Schellenberg (2014) stellt fest, dass die Entwicklung der radikalen Rechten nicht systematisch untersucht worden sind. „Die Forschung hat sich in diversen Studien mit den Organisationsformen der radikalen Rechten (insbesondere Parteien, weniger subkulturelles Milieu und bewegungsförmige Organisationen; Überblickswerke), ihrer

---

[2] „Abneigung od. Feindschaft gegenüber Sinti und Roma" Kunkel-Razum 2015, S. 98

Ideologie oder einzelner Ideologieelementen wie insbesondere Antisemitismus, Fremdenfeindlichkeit und (in englischsprachigen Werken oft) Rassismus beschäftigt." (Schellenberg 2014, S. 15–16)

Oft stellte sich schon die Frage, ob Rechtsextremismus ein Jugendphänomen sei. „Das Vorzeichen >Jugend< bestimmte in den letzten 30 Jahren maßgeblich die Diskurse über die extreme Rechte in Deutschland." (Langebach 2017, S. 375) Vor diesen Diskursen, war die allgemeine Aussage, dass das politische Feld der extremen Rechen, nur noch aus den „Alten" bestand und sich aufgrund der Sterblichkeit dieses Personenkreises, von selbst erledigen würde. (vgl. Langebach 2017, S.375)

Den sogenannten „Neuen Rechten" Ende der 60er Jahre oder den in den 70er Jahren Neo-Nationalisten, die um die Wiederzulassung der NSDAP kämpften, wurden laut Langebach (2017) kaum bis gar keine Aufmerksamkeit geschenkt. In den Fokus wissenschaftlicher Forschung und fachjournalistischer Recherchen trat die Jugend zu einem späteren Zeitpunkt. Erst mit aufkommen der „Hitlerwelle" in den späten 70er Jahren, Langebach (2017) verweist auf Deiters et al. 1982; Sinus 1982, der sogenannten Jugendkultur >von rechts< in den 80er Jahren und dem massiven Anstieg rechtsextrem motivierter Straftaten in den 90er Jahren, geriet die Jugend in den Blickwinkel. (vgl. Langebach 2017, S. 375) Der neue Blick auf die Jugend stellt keinen Paradigmenwechsel dar, wie Langebach schreibt, sondern viel mehr eine Erweiterung der gesamten Sichtweise. Hinzu kommt nun die Thematik des jugendkulturellen Rechtsextremismus.

Langebach bezieht sich auf Fuchs (2003) und schreibt, „dass das Problem des Rechtsextremismus nicht auf Jugendliche reduziert oder abgewälzt werden darf, denn der jugendliche Rechtsextremismus ist u. U. nur der sichtbare Teil entsprechender Einstellungen und Handlungsdispositionen, die weit darüber hinaus in der Bevölkerung latent vorhanden seien."

3. Theoretischer Erklärungsversuch für die Rechtsradikalisierung von männlichen Jugendlichen anhand von 3 ausgewählten Theorien

3.1 Lebensbewältigung

3.1.1 Theorie der Lebensbewältigung nach Lothar Böhnisch

Böhnisch beschreibt seine Theorie der Lebensbewältigung als „Theorie-Praxis-Modell". „Es entwickelt und systematisiert Hypothesen zum Betroffensein und zu dem entsprechenden Bewältigungsverhalten von Menschen in kritischen Lebenskonstellationen, (...)." (Böhnisch 2016, S.11) Böhnisch (2016) sagt, Lebensbewältigung ist das Streben nach psychosozialer Handlungsfähigkeit in kritischen Lebenskonstellationen. Handlungsfähig in diesem Sinne, machen soziale Anerkennung und Wirksamkeit und darüber gestärkter Selbstwert (ebd. S. 20)

„Psychosoziale Handlungsfähigkeit ist ein Konstrukt im Magnetfeld des Selbstwerts. [...] Das Streben nach Handlungsfähigkeit, das erstmal in uns allen ist, macht sich also besonders in kritischen Lebenskonstellationen bemerkbar, wird über sie freigesetzt" (Böhnisch 2016) In schlechten Lebenslagen zeigt sich das Bedürfnis nach Anerkennung. In einer solchen Lage sagt Böhnisch, dass sich der Selbstbehauptungstrieb, gleichsam als Grundantrieb bemerkbar macht. (vgl. Böhnisch2016, S. 20-21) „Dieser ist so stark, so existenziell, dass Handlungsfähigkeit – also Selbstwert, Anerkennung und Selbstwirksamkeit - um jeden Preis gesucht werden muss" (Böhnisch 2016, S. 21) Wird dieses nicht mit sozial anerkanntem Verhalten erreicht so kann auch zu abweichendem Verhalten übergegangen werden. Laut Böhnisch ist es in diesem Sinne Bewältigungsverhalten.

Böhnisch (2016) versteht unter Lebensbewältigung das Streben nach psychosozialer Handlungsfähigkeit in kritischen Lebenskonstellationen. Sie werden dann als kritisch angesehen, wenn die vorhandenen eigenen Ressourcen nicht mehr ausreichen und damit die psychosoziale Handlungsfähigkeit beeinträchtigt ist. Böhnisch bezieht sich bei dieser Aussage auf Filipp (2008). Wie oben schon erwähnt, ist das Streben nach Handlungsfähigkeit[3] so existenziell, dass es um jeden Preis gesucht werden muss. Wird dies nicht mit sozial anerkanntem Verhalten erreicht, dann eben mit abweichendem Verhalten. (vgl. Böhnisch 2016, S. 21) Jenes Verhalten ist in diesem Sinne

---

[3] Handlungsfähigkeit bedeutet nach Böhnisch 2016, Selbstwert, Anerkennung und Selbstwirksamkeit

Bewältigungsverhalten. „Dahinter stecken Botschaften der Hilflosigkeit, des Unvermögens, sich mit seinem gestörten Selbst auseinandersetzen zu können. Es muss einfach - und das ist ein unbewusster Vorgang - abgespalten werden." (Böhnisch 2016, S. 21) Dies wir auch äußere Abspaltung genannt. Wie schon beschrieben führt mangelnde Anerkennung verbunden mit geringer bis fehlender Selbstwirksamkeit zu der Hilflosigkeit des Selbst. (vgl. Böhnisch 2016, S.21) Gerät ein Mensch in die Lage der Handlungsunfähigkeit, so kann er sich den Druck nehmen in dem er seine Hilflosigkeit anspricht, sie thematisiert, bei einem Freund, bei der Familie oder in Form einer professionellen Beratung. Hat der Mensch aus seiner Biographie heraus nie gelernt inneren Druck auf diese Art zu kompensieren, führt dies so Böhnisch (2016) zu einer äußeren Abspaltung. Hierbei kann es dann zu antisozialen Kompensationen kommen in Form von Verweigerungsverhalten bis hin zu gewalttätigem Verhalten. Laut Böhnisch (2016) entzieht sich das Abspaltungsverhalten der Selbstkontrolle. „Nehmen wir das Gewaltbeispiel, daran kann man es am besten deutlich machen. Es Überkommt, „übermannt" den Täter (…), er kennt sich nicht mehr und - vor allem - er hat dadurch keinen Bezug zu dem Opfer. Er kennt es vielleicht gar nicht. Das Opfer ist gewissermaßen Träger seiner eigenen Hilflosigkeit. Auf die schlägt er ein. Er meint sich selbst." (Böhnisch 2016, S. 23)

Böhnisch bezieht sich auf den Schweizer Psychoanalytiker Arno Gruen (1992), dieser behauptet, Männer können schlechter mit innerer Hilflosigkeit umgehen als Frauen. Männer spalten eher nach außen ab, Frauen nach innen. Innere Abspaltung nach Böhnisch (2016) meint in Konflikten die Schuld bei sich zu lassen und Probleme bis hin zur Selbstzerstörung auszuhalten. Formen von Autoaggression[4] können sich in Ernährungsstörungen, Depressivität oder auch Medikamentenmissbrauch sein. Diese Form von Abspaltung ist so wie Böhnisch schreibt weitestgehend unter Mädchen und Frauen verbreitet.

Eine weitere Form der Abspaltung ist die Abspaltung „per Delegation" (Böhnisch 2016, S.26) Bei dieser Form der Abspaltung schließt sich der Mensch einer Gruppe an, zu deren Programm und Gruppenzusammenhalt, es gehört sich antisozial zu verhalten. „Man delegiert - freilich unbewusst- die Abwertung von anderen an die Gruppe und geht damit in ihr auf. Man tut die antisozialen Handlungen für die Gruppe, für deren Zusammenhalt eben, in einem emotional erhebenden und darin entspannenden Wirgefühl. " (Böhnisch 2016, S. 26–27) Im Mittelpunkt steht die Gruppe nicht das Opfer. Böhnisch (2016) vertritt die Meinung, dass in diesem Sinn rechtsextreme Gewalt als

---

[4] „Gewalt gegen sich selbst" Böhnisch 2016, S. 24

besondere Form extremen Bewältigungsverhalten verstanden werden kann. Denn in diesen Gruppen wird die Abspaltung nicht auf einen Einzelnen gerichtet, sondern sie ist im Programm der Gruppe verortet.

Jugend ist heute nur noch schwer abzugrenzen. Wann beginnt sie und wann tritt der Mensch ins Erwachsenenalter ein. Es ist so Böhnisch (2017) längst nicht mehr auszumachen, wann Jugend aufhört und das Erwachsensein beginnt. Jugend muss bewältigt werden. (vgl. Böhnisch 2017, S. 120) „Diese Bewältigungslage Jugend ist heute gekennzeichnet durch die Spannungen zwischen früher soziokultureller Selbstständigkeit und im Durchschnitt länger andauernder ökonomischer Abhängigkeit, zwischen der Offenheit und Verwehrung eigensinniger sozialräumlicher Aneignung und - im Hinblick auf die öffentliche Thematisierung der Jugendfrage - zwischen Anerkennung als gesellschaftlicher Aktivposten und der Etikettierung als Risikogruppe." (Böhnisch 2017, S. 120)

Gewalt wird auch in der Jugendphase zum Thema. „Von „Gewalt" spricht man dann, wenn jemandem gegen dessen Willen ein Verhalten oder Tun bis hin zu psychischen Überwältigung aufgezwungen wird. In der Gewalt ist deshalb immer der Aspekt der Abwertung des bzw. der anderen enthalten, die Abwertung anderer ist gleichsam der Vorhof der Gewalt." (Böhnisch 2017, S. 173–174) Böhnisch (2017) unterscheidet zwischen struktureller und manifester Gewalt. Strukturelle Gewalt ist Böhnisch nach nicht sichtbar aber spürbar. Böhnisch (2017) geht davon aus, dass sich Gewaltakzeptanz erhöhen kann, wenn strukturelle Gewalt tabuisiert wird, jedoch manifeste Gewalt geächtet. Es können Desintegrationstendenzen entstehen. Weiter geht Böhnisch darauf ein, dass wissenschaftliche Untersuchungen belegt haben, dass rechtsextremistischen Einstellungen von hoher Gewaltakzeptanz gekennzeichnet sind. Für diese Jugendliche kann Gewalt zum Alltag gehören. Erfahren Jugendliche in ihrem Leben öfter das Gefühl der Hilflosigkeit, so kann dies als mögliche Ursache zum Anschluss an rechtsextreme Gruppierungen gedeutet werden. Böhnisch (2017) bezieht sich u. a. auf Heitmeyer und sagt: über das sich anschließen an solche Szenen, wollen die meist männlichen Jugendlichen wieder etwas wert sein, sie schaffen sich dieses Gefühl über die rassistische und sexistische Abwertung anderer. (vgl. Böhnisch 2017, S. 174) In diesen Gruppen suchen diese Jugendlichen Sicherheit und Klarheit. Gewalt, so Böhnisch (2017) stellt in diesem Sinn ein Mittel zum Zweck dar, um Anerkennung zu erlangen, Situationen zu entscheiden und die Welt nach einem einfachen Schema wie etwa Stark-Schwach, wieder „sortieren" zu können. Für rechts orientierte Jugendliche, ist diese Gewalt und Gewaltakzeptanz, eine fest in den Alltag gehörende Komponente. Diese sozialen Reaktionsweisen sind Formen von biografischer Lebensbewältigung.

(vgl. Böhnisch 2017, S. 175) Männliche Jugendliche erfahren in diesem Kontext ein Mittel zur Selbstwertsteigerung und -demonstration, sie zeigen das sie da sind und an der Gesellschaft partizipieren wollen. Dadurch, dass sie nationalistische und autoritäre - Werte vertreten und nach außen tragen. (vgl. Böhnisch 20147, S, 175)

3.1.2 Kann Rechtsextremismus eine Form von Bewältigungsverhalten sein? Erklärungsversuch anhand eines Beispiels

„Marc hatte früh im Alter von drei Jahren den Vater durch die Scheidung der Eltern verloren. Der Vater kümmerte sich auch in der Folgezeit nicht um seinen Sohn. Die allein erziehende Mutter tat ihr Bestes, verstarb aber plötzlich an einer unheilbaren Krankheit, als der junge vierzehn Jahre alt war. Äußerlich versorgt mit allem was er brauchte, fand Marc für seine Traurigkeit keinen Ansprechpartner. Er fühlte sich verlassen und allein, hatte auch Angst vor der Einsamkeit und suchte in der Gruppe nicht nur Anschluss, sondern auch die Möglichkeit, seine Niedergeschlagenheit erfolgreich zu verleugnen und die Verlassenheitsgefühle nicht zu spüren." (Hardtmann 2007, S. 76)

Marc aus dem Buch „16, männlich, rechtsradikal" hat sich im Laufe seiner Jugend einer rechtsorientierten Gruppe angeschlossen Unter Lebensbewältigung versteht Böhnisch, das Streben nach psychosozialer Handlungsfähigkeit in kritischen Lebenskonstellationen. Marc der seine Eltern früh verlor, befindet sich in einer solchen kritischen Phase seines Lebens. Ohne die Möglichkeit seine Problematik anzusprechen entwickelt er hieraus eine antisoziale Bewältigungsstrategie nämlich die der Rechtsradikalisierung. Er sucht in der rechten Gruppe Halt, Orientierung und Anschluss, aber auch die Möglichkeit seine Gefühle zu verstecken. Böhnisch (2016) umschreibt dieses Verhalten des nicht Ansprechens, als Unfähigkeit zur Thematisierung. Marc muss dennoch seinem bestehenden inneren Druck „Luft machen" und es kommt zu einer äußeren Abspaltung. Mit seiner rechtsextremen Einstellung wertet er andere ab um sich selbst aufzuwerten. Böhnisch (2016) beschreibt aber noch die Abspaltung „per Delegation", bei dieser Form der Abspaltung, wird die innere Hilflosigkeit und ihre Projektion auf schwächere, durch die Zugehörigkeit zu einer bestimmten Gruppe erweitert. „In dieser Logik kann auch rechtsextreme Gewalt bwz. Gewaltbereitschaft als besondere Form extremen Bewältigungsverhaltens interpretiert werden, indem sich auch hier Abspaltung und Projektion nicht nur direkt auf konkrete Einzelne richten, sondern im Magnetfeld eines Programms verortet werden können." (Böhnisch 2016, S. 27) Innerhalb dieses Gruppenkonzeptes erreicht Marc nicht nur eine Steigerung seines

Selbstwerts, sondern er ist integriert in eine feste Gruppe, welche ihm Orientierung und halt bietet. Sind Jugendliche nicht in der Lage, psychosozialen Druck, in kritischen Lebenslagen zu bewältigen, in dem sie diesen Thematisieren, kann es passieren, dass in Form von Abspaltung nach außen und Abspaltung per Delegation, der Gefühle, sie auf Schwächere oder Minderheiten treffen. In diesem Fall kann sich schnell eine rassistische und rechtsextreme Persönlichkeit entwickeln. (vgl. Böhnisch 2016, S. 27) Rechtsextremistische Gruppen geben vor allem dem Einzelnen ein Gefühl von Stabilität und Orientierung, und dass obwohl sich das Individuum dieser autoritären Gruppenführung unterwirft und anpasst. Böhnisch (2016) erklärt dies mit dem positiven Effekt an der Teilhabe der Ideologie. „Ich unterwerfe mich, dadurch erfahre ich Eindeutigkeit in der Orientierung und kann gleichzeitig mit dieser Teilhabe an der politischen Programmatik auch an der Stärke, die diese verheißt, partizipieren." (Böhnisch 2016, S. 28)

3.2 Sozialisationstheorie

3.2.1 Sozialisationstheorie nach Klaus Hurrelmann

„Sozialisation bezeichnet den Prozess, in dessen Verlauf sich der mit einer biologischen Ausstattung versehene menschliche Organismus zu einer sozial handlungsfähigen Persönlichkeit bildet, die sich über den Lebenslauf hinweg in Auseinandersetzung mit den Lebensbedingungen weiterentwickelt. Sozialisation ist die lebenslange Aneignung von und Auseinandersetzung mit den natürlichen Anlagen, insbesondere den körperlichen und psychischen Grundmerkmalen, die für den Menschen die innere Realität bilden, und der sozialen und physikalischen Umwelt, die für den Menschen die äußere Realität bilden." (Hurrelmann 2002, S. 15–16)

Von dieser Definition aus heißt das, dass der Mensch innere Ressourcen hat, die in seine Entwicklung mit einfließen und aber auch die äußeren Umstände, also seine Umwelt ihren Beitrag leistet. Äußere Umstände können sein, soziales Umfeld, Familie, Schule, Peer-Group. Innere Faktoren sind physisch wie psychisch. Beide eben genannten „Realitäten" spielen zusammen und haben einen wechselseitigen Einfluss auf die Entwicklung eines Menschen. „Aus sozialisationstheoretischer Sicht stellen Persönlichkeitsentwicklung und die Verfassung einer Gesellschaft daher die wechselseitige Regulative dar." (Grundmann 2015, S. 1551)

Hurrelmann (2002) beschreibt die sieben Thesen zur Sozialisation. In der Ersten These heißt es, wie eben beschrieben: „Sozialisation vollzieht sich in einem Wechselspiel von Anlage und Umwelt." Die Gene also die vorgegebenen inneren menschlichen Merkmale, legen so Hurrelmann (2002) die Entwicklungsmöglichkeiten eines Menschen, seine gesamte Biographie hin fest. Jedoch nicht direkt, denn zu den genetischen Merkmalen kommen die äußeren Umstände also die Umwelt hinzu und beeinflussen in diesem Sinn die Sozialisation mit. „Die genetische Ausstattung eines Menschen stellt vielmehr einen Möglichkeitsraum dar, aus dem einzelne Elemente aktiviert werden. Wann und ob sie zum Zuge kommen, hängt stark von sozialen und physikalischen Umweltbedingungen ab." (Hurrelmann 2002, S. 24) Genannte Einflüsse können die genetischen Vorgaben entweder, hervorrufen, unterdrücken oder bremsen. Laut Hurrelmann (2002) kann der Mensch nicht über seine Gene hinaus, welche ihm biologisch vorgegeben sind. Das genetische Potenzial entscheidet wie Umwelteinflüsse aufgenommen und angeeignet werden, andersherum wirkt die Umwelt auf die genetische Entwicklung eines Menschen schon ab frühester Kind ein. (vgl. Hurrelmann 2002, S. 24) „Solange die interdisziplinäre Forschung keine klaren Ergebnisse zeigt, sollte von der Arbeitshypothese ausgegangen werden, dass im Verlaufe des Lebens etwa die Hälfte der Persönlichkeitsentwicklungsmerkmale und Verhaltenseigenschaften eines Menschen auf seine genetische Ausstattung, die andere Hälfte auf Umweltbedingungen zurückzuführen ist." (Hurrelmann 2002, S. 24)

In der zweiten These handelt es sich um die innere und äußere Realität. Hurrelmann schreibt die Persönlichkeitsentwicklung wird sowohl von inneren Realität als auch von der äußeren beeinflusst. Keine der Beiden, weder die physischen und psychischen Faktoren, noch die äußeren wie Familien, Gesellschaft, Peer-Group, Schule usw. kann der Mensch von sich weisen. (vgl. Hurrelmann 2002, S.26)

Hurrelmann (2002) beschreibt die dritte These als Prozess der „dynamischen" und „produktiven" Verarbeitung beider Realitäten. Produktiv meint Hurrelmann als prozesshaft. Der Mensch verarbeitet ein Leben lang die inneren und äußeren Einflussfaktoren.

Die vierte These nach Hurrelmann (2002) beschreibt gelingende Persönlichkeitsentwicklung kann dann stattfinden, wenn den genetischen Anlagen eine dazu passende soziale und materielle Umwelt zur Verfügung steht. Prägende Sozialisationsinstanzen sind die Familie, der Kindergarten und die Schule. Bei steigendem Alter verschiebt sich die Gewichtung. Im Jugendalter nimmt der Einfluss von gleichaltrigen, der Schule zu und der Einfluss der Familie ab. Jedoch werden die grundlegenden Strukturen der Persönlichkeitsentwicklung von der Familie gelegt. (vgl. Hurrelmann 2002, S. 31) Aber nicht nur die eben genannten Sozialisationsinstanzen lenken die Persönlichkeitsentwicklung, sondern auch andere soziale Organisationen und Systeme. Diese beschreibt Hurrelmann (2002) in der 5. These. Hier gemeint sind die an dritter Stelle stehenden formellen und informellen Systeme. Vor allem bezogen auf die Peer-Group und die Massenmedien, neben Wohn- und Freizeitwelt. Gerade die Massenmedien spielen eine immer größere werdende Rolle in der Persönlichkeitsentwicklung, sie beeinflussen den Menschen in seiner Entwicklung in einer anonymen Rolle. (vgl. Hurrelmann 2002, S.34) Menschen sind ihr ganzes Leben aktive Produzenten ihrer Entwicklung.

Hurrelmann (2002) beschreibt diese sechste These wie folgt: „Die Persönlichkeitsentwicklung besteht lebenslang aus einer nach Lebensphasen spezifischen Bewältigung von Entwicklungsaufgaben." In jeder Lebensphase hat der Mensch gewisse Entwicklungsaufgaben zu erfüllen. Diese nennt Hurrelmann (2002) Zielprojektionen, die in jeder Kultur existieren und die Anforderungen definieren die ein Kind, ein Jugendlicher, ein Erwachsener und ein alter Mensch zu bewältigen hat. „In jeder Lebensphase hat ein Mensch Vorstellungen der künftigen Entwicklung, die ihrerseits das Ergebnis vorausgegangener Auseinandersetzungen mit biologischen Vorgaben, Temperament, persönlichen Wünschen und Ansprüchen, sozialen Erwartungen und gesellschaftlichen und materiellen Umweltanforderungen darstellen." (Hurrelmann 2002, S. 35–36) Der Mensch so Hurrelmann muss in jeder Phase des Lebens die Gesamtheit[5] der Veränderungen definieren und wahrnehmen. Um diesen Bewältigungsaufgaben gerecht zu werden, sind spezielle Fähigkeiten[6] in verschiedenen Bereichen Notwendig. Vorangegangenes erlerntes wird hier vorausgesetzt und die Arbeit mit sich Selbst. Hurrelmann (2002) vertritt die Meinung, dass im Verlauf von Kindheit und Jugend es zu einem fortschreiten dieser Fähigkeiten kommt und dies dann ermöglicht, konkret die Gegebenheiten der Umwelt wahrzunehmen und sich den Lebensbedingungen adäquat anzupassen. Dies Bedeutet ein Verständnis für die Zusammenhänge des Erlebten und der Strukturen der Umwelt aufzubauen. „Vor allem im Jugendalter kommt es dabei zu einer intensiven Spannung zwischen den Anforderungen an Individualität (im Sinne einer persönlichen Einmaligkeit) und sozialer Integration, also der Übernahme gesellschaftlicher Rollen." (Hurrelmann 2002, S. 37) „Ein reflektiertes Selbstbild und die Entwicklung einer Ich-Identität sind die Voraussetzung für ein autonom handlungsfähiges Subjekt und eine gesunde Persönlichkeitsentwicklung. Lässt sich Identität nicht herstellen, kommt es zu Störungen der Entwicklung im körperlichen, psychischen und sozialen Bereich." (vgl. Hurrelmann 2002, S. 38)

Über die siebt und letzte These schreibt Hurrelmann, dass der Mensch ohne ein reflektiertes Selbstbild, nicht in der Lage ist, die Fähigkeit zur Abstimmung der Verarbeitungsfähigkeiten zu erlangen. Ist der Mensch in der Lage, von sich ein realistisches Bild seiner inneren Realität aufzubauen, dann ist die Basis für ein positives Selbstbild geschaffen. Dieses Selbstbild ist die Grundvoraussetzung für eine positive Persönlichkeitsentwicklung. (vgl. Hurrelmann 2002, S. 38) Ein positives Selbstwertgefühl ist maßgebend für eine gesunde Persönlichkeitsentwicklung. „Je entscheidungsfähiger und handlungssicherer ein Mensch ist, je mehr Fertigkeiten zur Bewältigung psychischer und sozialer Probleme er besitzt, je mehr er in sicherer soziale Beziehungsstrukturen und Netzwerke einbezogen und in wichtigen gesellschaftlichen Rollenzusammenhängen

---

[5] Hier gemeint sind die physischen, psychischen, die Bedürfnis- und Motivationsstruktur und die gesellschaftliche Rolle. Hurrelmann 2002, S. 36

[6] Hurrelmann meint hier die sensorischen, motorischen, affektiven, kognitiven und interaktiven Fähigkeiten und Fertigkeiten Hurrelmann 2002, S. 36

anerkannt ist, desto besser sind die Voraussetzungen für die Identität und damit die selbstständige und autonome Handlungsfähigkeit." (Hurrelmann 2002, S. 39) Finden die personalen und sozialen Komponenten keinen gemeinsamen Nenner, kann dies zu einer Störung des Selbstvertrauens führen. Antisoziales Verhalten kann laut Hurrelmann (2002) eine Auswirkung dieser Störung sein.

3.2.2 Kann Rechtsextremismus eine Folge primärer Sozialisation sein? Erklärungsversuch anhand eines Beispiels

Michael ist ein motorisch umtriebiger und lebhafter Junge. Jedoch haben sein Vater und er nie zueinander gefunden. Er kein Bastler und Tüftler, jedoch der Sohn eines heimwerkenden Vaters. Beide waren nicht in der Lage zueinander zu finden. Wenn der Vater etwas baute, zerstörte Michael es. Diesen Hass datiert, er bis in die Kindheit zurück. Der Vater zog sich aus der Erziehung vollkommen zurück. Auch als Michael auffälliges Verhalten, wie Schuleschwänzen, Diebstähle und Körperverletzungen zeigte, änderte sich der Vater nicht. Die Rolle des Vaters nahm irgendwann der Großvater ein. Neben dem das er mit ihm Zeit verbrachte und mit ihm Spielte, erzählte er Michael Heldengeschichten aus dem zweiten Weltkrieg und nährte ihn mit NS-Ideologien. Der Großvater ist sein Vorbild und somit nahm Michael diese Ideologien in sein Selbstbild auf. (Hardtmann 2007, S. 72–73)

Auch Michael aus dem Buch „16, männlich, rechtsradikal" hat sich im Laufe seiner Jugend einer rechtsorientierten Gruppe angeschlossen. Ist dies auf die Tatsache zurückzuführen, dass er als männliches Vorbild seinen Großvater hatte, welcher ihm von Kindheit an, Geschichten und Ideologien aus der Zeit des Nationalsozialismus erzählt hat. Trägt seine Sozialisation durch den Großvater zu seiner heutigen Einstellung bei? „Sozialisation ist der Prozess der Persönlichkeitsentwicklung in wechselseitiger Abhängigkeit von den körperlichen und psychischen Grundstrukturen und den sozialen und physikalischen Umweltbedingungen. Die körperlichen und psychischen Grundstrukturen bilden die innere, die sozialen und physikalischen Umweltbedingungen die äußere Realität." (Hurrelmann 2002, S. 26)

Von dieser zweiten These ausgehend, könnte sich erklären lassen, dass Michael durch seinen Großvater beeinflusst wurde. Der Großvater gehört zu seiner äußeren Realität, die Familie. Michaels innere Realität seine psychische Verfassung, vertraute seinem Großvater, als einzige verlässliche männliche Bezugsperson und konnte diese Ideologien somit in Selbstbild übernehmen. Hurrelmann (2002) schreibt, dass Familie eine primäre Sozialisationsinstanz darstellen und somit von Kindheit an, wohl am nachhaltigsten prägen. Michael suchte sich gleichaltrige gleichgesinnte, ausgehend von dem vorherigen Erklärungsversuch, ist die rechtsextreme Einstellung ein manifestes Persönlichkeitsmerkmal, welches er dann auch in seiner Peer-Group finden möchte. Hier kann dann die weitere Sozialisation im rechten Milieu von Michael mit der fünften These erklärt werden. „Nicht nur die Sozialisationsinstanzen haben Einfluss auf die Persönlichkeitsentwicklung, sondern auch andere soziale Organisationen und Systeme, die in erster Linie Funktion für Arbeit, Freizeit, Unterhaltung und soziale Kontrolle erbringen." (Hurrelmann 2002, S. 32) Wie schon erwähnt gehören Beispielsweise die Familie zu den primären, Schule / Kindertagesstäte zu den sekundären und Freizeit - und Wohnwelt, aber allen voran die Peer-Group zu den tertiären Sozialisationsinstanzen.

Jede Sozialisationsinstanz kann nur insoweit Einfluss nehmen, wie der Betroffenen sich auf sie Einlässt und sich dabei dann Konsequenzen für die Persönlichkeitsentwicklung ergeben. Michael könnte also aus seiner Sozialisation heraus, sich in die rechtsextreme radikalisiert haben, von klein auf wurde die Thematik an ihn herangetragen und verherrlicht. Dies von einer Vertrauens- und wichtigen Bezugsperson. Diese schon früh angelegte Richtung setzte sich im Jugendalter, bei der Suche nach Zugehörigkeit zu gleichaltrigen in der Peer-Group fort.

3.3 Soziale Desintegration

3.3.1 Soziale Desintegration nach Wilhelm Heitmeyer

Wir leben in funktionierenden Gesellschaften, zumindest gefühlt. Jedoch sind auch die westlichen Gesellschaften nicht vor Desintegrationsprozessen gefeit. In jeder Gesellschaft existieren in den jeweiligen Teilsystemen, Integrationschancen oder auch Desintegrationsgefahren. Desintegration ist Dynamisch und wird von verschiedenste Faktoren beeinflusst. „Die gesellschaftliche Dynamik wird dabei durch individuelle und kollektive zivilgesellschaftliche, ökonomische wie staatliche Akteure beeinflusst und von Machtkonstellationen geprägt, die entweder in die integrative Richtung tendieren oder desintegrative Tendenzen befeuern." (Heitmeyer 2012, S. 14) Heitmeyer ist der Meinung, Desintegrationstendenz sind all gegenwärtig. Hierzu zeigt Heitmeyer verschieden Bereiche auf, in denen die gelungene Vergesellschaftung des Individuums nicht mehr gesichert ist. Normalarbeitsverhältnisse gehen zurück und weichen prekären Formen der Arbeitsverhältnisse. Gründe hierfür sind Standortverlagerungen der Firmen, Konkurrenzdruck oder auch Rationalisierungen. Hier ist ökonomische Desintegration möglich. Menschen geraten trotz Arbeit in Armut. Die gesellschaftliche Mitte zerbricht. (vgl. Heitmeyer 2014, S. 14) Auch schreibt er von einer politischen Desintegrationstendenz. Bedingt durch Migrationsbewegungen und die Erfahrung von „Multikulturismus" verschwindet die Einheit als Staatsvolk und erweist sich als Trugschluss. Politische Teilhabe beschränkt sich auf bestimmte Bevölkerungsteile, Bundesländer sind kaum bis gar nicht Handlungsfähig. (vgl. Heitmeyer 2012, S.14) Zuletzt schreibt Heitmeyer von der gefährdeten kulturellen Integration. Die Vielfalt an Werten wirkt sich negativ auf den Zusammenhalt einer Gesellschaft aus, denn er diese Werteheterogenität stellt die Anerkennung bestimmter Werte in Frage stellt. Selbst die bestimmter Basiswerte. Desintegration wird durch das Phänomen des Wertepluralismus bis hin zum Werteverfall befeuert. Gemeinschaften verlieren an Zusammenhalt. (vgl. Heitmeyer 2012, S.15)

Heitmeyer verteilt das Integrationsproblem damit auf drei Ebenen.

1. Auf der Sozialstrukturelle Ebene...

„stellt sich das Problem der Teilhabe an den materiellen und kulturellen Gütern einer Gesellschaft, (...)."

2. Auf der Institutionellen Ebene...

„geht es um die Sicherstellung des Ausgleichs konfligierender Interessen, ohne die Integrität und Würde von Personen zu verletzen.

3. Auf der personalen Ebene...

„geht es schließlich um die Herstellung emotionaler bzw. expressiver Beziehungen zwischen Personen zum Zwecke von Sinnstiftung und Selbstverwirklichung."

(Heitmeyer 2012, S. 15)

Anhand dieser dreiteiligen Unterscheidung lassen sich Integration und Desintegration in positiv und negativ unterscheide. Positive Integration bedeutet Stabilität und Sicherheit, negative Integration bedeutet Zwang und Kontrolle. Auch Desintegration ist, so schreibt Heitmeyer nicht per se negativ. Desintegration kann auch positiv sein und würden in diesem Fall Innovation und sozialen Wandel bedeuten. Hingegen bedeutet negativer Desintegration Gewalt und Ausgrenzung. (vgl. Heitmeyer 2012, S. 16) 7

Heitmeyer konnte in der Bielefelder Rechtsextremismusstudie Relevanzzusammenhänge nachweisen zwischen Arbeitslosigkeit und rechtsextremistischen Orientierungen.

„Insgesamt zeigt sich bei den lokalen Gegebenheiten in Bielefeld somit eine besondere Dichte der für unsere Untersuchungen zentralen Bedrohungselemente Arbeitslosigkeit und rechtsextremistische Orientierungsmuster, die darauf schließen lassen kann, dass die Rahmenbedingungen in dieser Stadt dazu angetan sind, Datenmaterial zu erschließen, das qualitativ tatsächlich konkrete Relevanzzusammenhänge (statt nur abstrakte Meinungszusammenhänge) ausweisen kann." (Heitmeyer 1993, S. 78)

Soziale Desintegration in welchen Bereichen auch immer kann Rechtsextremismus fördern.

3.3.2 Fördert soziale Desintegration Rechtsextremismus bei männlichen Jugendlichen? Erklärungsversuch anhand eines Beispiels

Ein Beispiel aus der Bielefelder Studie. Charly lebt mit seiner Mutter und ihrem Freund zusammen. Die Mutter ist seit 8 Jahren arbeitslos und leidet unter einer depressiven Erkrankung. Charly hat noch einen Bruder, dieser lebt aber im Heim. Auch Charly ist seit seiner Schulentlassung arbeitslos. Etliche Bewerbungen um einen Ausbildungsplatz verliefen erfolglos. Der Lebenskontext des Jugendlichen ist von seiner materiellen und sozialen Deprivation und der seiner Herkunftsfamilie gekennzeichnet. Etliche Bewerbungen um einen Ausbildungsplatz verliefen erfolglos (vgl. Heitmeyer 1993, S. 312)

Charly so wird es beschrieben pflegt Kontakte zu einer eher gewaltbereiten Peer-Group. „Es dominiert eindeutig eine Peer-Zentrierung auf „Blue Army". eine Fanclique des Fußball-Bundesligisten Arminia Bielefeld, die innerhalb der Bielefelder Fan - Szene als besonders rabiat und hart gilt." (Heitmeyer 1993, S. 313)

Politisch ist seine Einstellung, von seiner eigenen materiellen und sozialen Desintegration geprägt. Diese ist seine zentrale Belastung und führt zu seinen rechtsextremistischen politischen Orientierungen. Charly lehnt das bestehende System ab, da er den Politikern Unfähigkeit vorwirft, gesellschaftliche Probleme wie Arbeitslosigkeit nicht lösen zu können. „Zentral für Charlys politische Orientierungen ist die bei ihm festzustellende, materiell und kulturell motivierte Fremdenfeindlichkeit. Sie ist deutlich von seiner derzeitigen sozialen Misere beeinflusst." (Heitmeyer 1993, S. 315) Dies untermauert er mit Aussagen wie: „Ist ja schließlich unser Land hier, die haben doch ihr Land da drüben, sollen sie dahingehen, wo sie herkommen, da können sie auch Arbeit finden." (vgl. Heitmeyer 1993, S.315)

Diese Aussagen zeigen sehr deutlich, wie Desintegration (hier im Teilsystem Arbeit) rechtsextreme Haltungen begünstigen und fördern kann. Charly sucht einen Schuldigen für seine Situation, es ist der Ausländer. Er verschafft seinem Frust über Fremdenfeindlichkeit Ausdruck.

4. Wie kann Soziale Arbeit rechtsradikalen Jugendlichen begegnen?

„Von einer rechten Jugendclique wird dann gesprochen, wenn die rechten Orientierungen der Jugendlichen eine identitätsstiftende Funktion für die Clique einnehmen." (Borrmann 2016, S. 164) Dies gilt auch für den Einzelnen. Rückblickend auf die Erklärungsversuche, hat eine rechtsextreme Haltung für den Jugendlichen erstmal eine Funktion oder eine Ursache. Die Soziale Arbeit sollte es sich zur Aufgabe machen und hinterfragen warum er dieser Ideologie und dieser Gruppenstruktur nacheifert. Welchen nutze hat dies für den Jugendlichen?

Aus der Sicht des Konzeptes der Lebensbewältigung kann er erstmal Bewältigungsverhalten sein. Auch wenn es nicht gesellschaftlich anerkannt ist. Abweichendes Verhalten ist eine Form von Bewältigungsverhalten. Ausgehend davon was bereits dargestellt worden ist, „(…), dass vieles an antisozialem und sozial destruktivem männlichem Bewältigungsverhalten in Krisensituationen nach außen abgespaltene und in Unterdrückung Schwächerer umgewandelte Hilflosigkeit ist." (Böhnisch 2016, S. 35) Trifft Soziale Arbeit auf solch eine Hilflosigkeit, gilt es dem Jugendlichen alternativen zu bieten, die gesellschaftlich anerkannt sind.

Begegnet Soziale Arbeit einem solchem Jugendlichen, bei dem sich herausstellt, dass seine Sozialisation ihn auf diesen Pfad geführt hat, so muss auch hier im eine Möglichkeit geboten werden neue Sozialisationserfahrungen zu sammeln. Gerade im Jugendalter spielt die gleichaltrigen Gruppe eine starke Rolle. Das herauslösen aus dieser Sozialisation ist wohl nur dann möglich, wenn der junge Mann sich selbst überdenkt und ein neues reflektiertes Selbstbild entwickelt. Hurrelmann (2002) schreibt in seiner siebten These, dass eine gesunde Persönlichkeitsentwicklung nur dann möglich ist, wenn ein reflektiertes Selbstbild und die Entwicklung einer Ich-Identität als Voraussetzung vorhanden sind. Hat dies der Jugendliche nicht und besitzt er keine Fertigkeiten zur Bewältigung psychischer sowie sozialer Probleme, ist die Gefahr groß für eine Störung des Selbstbildes, welches wiederum die Folge von sozial unangepasstem Verhalten haben kann. (vgl. Hurrelmann 2002, S. 39) Soziale Arbeit hat hier die Aufgabe dem Jugendlichen adäquate Handlungsstrategien an die Hand zu geben, mit sich und seinen Problemlagen zurecht zu kommen, so dass er dann vielleicht sein Selbstbild ändert und sein eigener Selbstwert steigt.

Bei jungen rechtsorientierten Männern wie Charly, dessen Einstellung aus seiner eigenen Desintegration im Bereich, des materiellen und der Arbeit resultiert, kann nur angesetzt werden, in dem ihm Wege ins Erwerbsleben gezeigt werden. Aus Desintegration muss Integration Folgen.

Da nicht alle Ursachen einzeln zu betrachten sind und vermutlich sich eine rechtsextreme Haltung aus der Kumulation mehrerer eben genannte Ursachen besteht., trifft Soziale Arbeit in diesem Bereich auf Multiproblemfälle. Was eine akzeptierende Haltung voraussetzt um an den ganzen Einflussfaktoren anknüpfen zu können. Es ist wohl davon auszugehen, dass die verschiedenen Ursachen aufeinander Einwirken, so kann ein jugendlicher rechtsextremer von der Familie her schon fremdenfeindlich sozialisiert sein, weil seine Eltern vielleicht Arbeitslos sind und ihm vermittelt haben, dass die Ausländer ihnen die Stellen wegnehmen. Trennen sich diese Eltern und er verliert die Vaterfigur in seinem Leben und kann dies nicht verarbeiten, und auch nicht Thematisieren, dann kann das schnell in ein Bewältigungsverhalten über Gewalt oder die Abwertung anderer Gruppen verlaufen. Diese Beispielhafte Darstellung zeigt, dass eine gelingende Arbeit mit solchen Jugendlichen ganzheitlich gestaltet werden müsste.

5. Fazit

Während der Recherche wurde schnell klar wie komplex, das Thema ist und wie schwer es werden würde, die Fragestellung zufriedenstellend zu beantworten. Alle einzelnen Theorien geben schlüssige Erklärungsansätze aber keine definitive Antwort nur mögliche Erklärungen. Rechtsextremismus ist kein Randphänomen und es finden sich wenig aktuelle Zahlen über männliche Jugendliche rechte. Auch die Bielefelder Studie von Wilhelm Heitmeyer ist einiges älter, was demnach kein aktuelles Abbild der Jugend verschaffen kann. Sie konnte lediglich behilflich sein zu erläutern, dass Desintegrationserfahrungen im Bereich Arbeit rechtsextreme Meinungen fördern und stärken können.

Was jedoch auffällig ist, ist das in den Beispielen eine sehr große Rolle die gesamte Gruppe gespielt hat. Dies machte klar, wie sehr diese Jugendlichen nach Halt, Struktur und Sicherheit suchen, was sie von der Familie her vermissen. In der Szene hoffen diese jungen Männer ihren Platz zu finden und eine klare Richtung an der sie sich orientieren können. Auch wenn zu dem Gruppenprogramm es gehört andere Abzuwerten. Wie Böhnisch (2016) es beschreibt: man tut es für die Gruppe „(..), für deren Zusammenhalt eben, in einem emotional erhebenden und darin entspannten Wirgefühl." (vgl. Böhnisch 2016, S. 27)

Abschließend ist festzuhalten, dass dieses Thema sehr schwer zu beleuchten ist und wohl auch keine eindeutige Ursache auszufinden ist für diese doch sehr radikale Einstellung von Jugendlichen.

Literaturverzeichnis

Böhnisch, Lothar (2016): Lebensbewältigung. Ein Konzept für die Soziale Arbeit. 1. Aufl. Weinheim, Basel: Beltz Juventa (Zukünfte).

Böhnisch, Lothar (2017): Sozialpädagogik der Lebensalter. Eine Einführung. 7., überarbeitete und erweiterte Auflage. Weinheim, Basel: Beltz Juventa (Grundlagentexte Pädagogik). Online verfügbar unter http://www.beltz.de/de/nc/verlagsgruppe-beltz/gesamtprogramm.html?isbn=978-3-7799-2186-8.

Borrmann, Stefan (2016): Jugendarbeit mit rechten Cliquen. In: Soziale Arbeit (5.2016), S. 162–167.

Brausam, Anna; Eggers, Eva; Fegert, Jörg M.; Häusler, Alexander; Plener, Paul L.; Mense, Thomas et al. (2016): Die enthemmte Mitte. Autoritäre und rechtsextreme Einstellung in Deutschland : die Leipziger Mitte-Studie 2016. Originalausgabe. Hg. v. Oliver Decker, Johannes Kiess und Elmar Brähler. Gießen: Psychosozial-Verlag (Forschung Psychosozial).

Bundesamt für Verfassungsschutz: Rechtsextremistisches Personenpotenzial (Gesamtübersicht). Online verfügbar unter https://www.verfassungsschutz.de/de/arbeitsfelder/af-rechtsextremismus/zahlen-und-fakten-rechtsextremismus/zuf-re-2015-personenpotenzial, zuletzt geprüft am 05.03.2017.

Decker, Oliver; Kiess, Johannes; Brähler, Elmar (2014): Die stabilisierte Mitte. Rechtsextreme Einstellung in Deutschland 2014. Online verfügbar unter https://publikationen.uni-tuebingen.de/xmlui/bitstream/handle/10900/62671/Decker%20et%20al_Rechtsextreme%20Einstellungen%202015%20Mitte_Leipzig_Internet.pdf?sequence=1&isAllowed=y, zuletzt geprüft am 11.03.2017.

Grundmann, Matthias (2015): Sozialisation. In: Hans-Uwe Otto, Hans Thiersch und Klaus Grunwald (Hg)· Handbuch soziale Arbeit. Grundlagen der Sozialarbeit und Sozialpädagogik. 5., erweiterte Auflage. München, Basel: Ernst Reinhardt Verlag, S. 1550–1561.

Hardtmann, Gertrud (2007): 16, männlich, rechtsradikal. Rechtsextremismus - seine gesellschaftlichen und psychologischen Wurzeln. Düsseldorf: Patmos.

Heitmeyer, Wilhelm (1993): Die Bielefelder Rechtsextremismus-Studie. Erste Langzeituntersuchung zur politischen Sozialisation männlicher Jugendlicher. 2. Aufl. Weinheim: Juventa-Verl. (Jugendforschung).

Heitmeyer, Wilhelm (Hg.) (2012): Desintegrationsdynamiken. Integrationsmechanismen auf dem Prüfstand. Wiesbaden: Springer VS (Analysen zu gesellschaftlicher Integration und Desintegration). Online verfügbar unter http://dx.doi.org/10.1007/978-3-531-93145-6.

Hurrelmann, Klaus (2002): Einführung in die Sozialisationstheorie. 8., vollst. überarb. Aufl. Weinheim: Beltz (Beltz-Studium Kultur und Gesellschaft).

Kunkel-Razum, Kathrin (Hg.) (2015): Der Duden. In zwölf Bänden; das Standardwerk zur deutschen Sprache. 11., vollst. überarb. und aktualisierte Aufl. Berlin: Dudenverl.

Langebach, Martin (2017): Rechtsextremismus und Jugend. In: Fabian Virchow, Martin Langebach und Alexander Häusler (Hg.): Handbuch Rechtsextremismus. Wiesbaden: Springer Fachmedien Wiesbaden, S. 375–439.

Schellenberg, Britta (2014): Die Rechtsextremismus-Debatte. Wiesbaden: Springer Fachmedien Wiesbaden.

Zeit Online (2016): Fremdenfeindlichkeit: Zahl fremdenfeindlicher Attacken verdoppelt sich. Hg. v. Zeit Online. Online verfügbar unter http://www.zeit.de/gesellschaft/zeitgeschehen/2016-09/rechtsextremismus-gewalt-anstieg-deutschland-neonazis-fremdenfeindlichkeit-fluechtlinge, zuletzt aktualisiert am 24.09.2016, zuletzt geprüft am 05.03.2017.